AULD
TESTAMENT
TALES

AULD
TESTAMENT
TALES

JAMIE STUART

SAINT
ANDREW
PRESS

EDINBURGH

First published in 1993 by
SAINT ANDREW PRESS
121 George Street, Edinburgh EH2 4YN

Reprinted 1993, 1995

Copyright © Jamie Stuart 1993

ISBN 0 7152 0691 5

British Library Cataloguing in Publication Data
A catalogue record for
this book is available
from the British Library

ISBN 0715206915

This book has been set in Garamond.

Cover photograph by Paul Turner.
Author photograph by Brian J Dunabie,
BJD Photographics.
Cover design by Mark Blackadder.
Printed and **bound** by
Athenæum Press Ltd, Gateshead, Tyne & Wear.

CONTENTS

FOREWORD

by

Professor Robert Davidson

HE'S done it again! After *A Scots Gospel* and *The Glasgow Gospel*, Jamie Stuart has broadened his horizons and in his own inimitable and refreshing style has turned to the Old Testament. That is not surprising since the Old Testament contains a rich treasure house of stories, full of human interest, just ripe to be put into the kind of popular Scots dialect the author loves and communicates so well.

Much of this material probably began life on the lips of storytellers, and one can imagine many a chuckle among those who eagerly gathered round to listen. It is through such stories that the Bible shares much of its faith with us. The more we can make them come alive in a fresh way the better.

Read ... and here you will find sentences and phrases leaping out of the text and lingering in your mind. Among my

favourites are that 'flashy jaiket' that
Jacob gave to Joseph, and Goliath's sneer-
ing words to wee David, 'Are *you* the best
they've got? …. Weel, come oan then,
ya scrawny plook!' And what about a
scheming mother-in-law's words to Ruth
as she seeks to hook her man? 'You jist lie
doon beside him an share his robe. He'll
soon get the message.'

I have just one quibble. Some of my
favourite stories have not been given the
treatment. What about Abraham …
Jacob … Moses … Samuel … Saul …
Elijah … Solomon … Nehemiah ….?
There is a rich seam here still waiting to
be mined. I hope the success of this first
selection of Old Testament stories will
encourage and challenge Jamie to have
another go. 'Lang may his lum reek' as he
continues to entertain and to teach.

AUTHOR'S NOTE

READERS may be familiar with my two previous books. In the first, *A Scots Gospel,* I endeavoured to combine the four Gospels into one single narrative and present the work in the Scots language. The aim of the book was to translate the Gospel into a colloquial and modern Scots, but one rooted in the traditions of the past and recorded in such eminent publications as *The New Testament in Scots* by W L Lorimer (Southside); Chambers *Scots Dictionary* (W&R Chambers) and *The Concise Scots Dictionary* (Aberdeen University Press).

In *The Glasgow Gospel* the aim was to present the Good News in the language of the people. Having lived all of my 73 years in this great friendly city, it was a joy to write in the distinctive and vivid vernacular of Glasgow – in fact, it was a 'pure dead brilliant' experience.

The inspiring and exciting stories from

the Old Testament of the Bible then seem-
ed like an interesting challenge – so here
goes!

In this volume I have concentrated to a
fair extent on the present day urban Scots
dialect of Glasgow. However, it's fortunate
that our Scots speech is fluid and certainly
not lacking in variety, so in these stories I
have tried to give expression to the various
dialects spoken in Scotland.

I trust ye'll have a guid read, and – as
weel – tak tent o the testimony.

JAMIE STUART
October 1993, Glasgow

Acknowledgments

THE author would like to express his sincere thanks to the following for their help in the preparation of this book:

My editor, Lesley Taylor; Revd John D Hegarty; Archie P Lee; Clive Doherty; Derek Auld; Dr Donald Smith; Revd Jack Lamb; Revd John Handley; Revd Jim Grier; Revd John Campbell and Dr John Drane; as well as my family and the members of High Carntyne Parish Church in Glasgow, for all their support and encouragement.

Gratitude is particularly extended to Dr Robert Stephen, author of *In the Beginning* (Aulton Press) for the use of the poetry included in the story of Job (pp 75-77).

Also to Robert Davidson, former Moderator of the General Assembly of the Church of Scotland, currently Emeritus Professor of Old Testament at Glasgow University.

In the BEGINNING

The CREATION

IT wis a lang time ago, right enough – thoosans an thoosans o years since. There wis nuthin where the earth is the noo – absolutely nuthin at aw.

'Weel noo,' God says tae hissel wan day, 'I'll fix a wee bit dod o land – doon there.'

So, tae stert wi, he ordered up some light tae brek oot ower aw the darkness.

God then made the skies an the dry land, an gaithered up the watters an the seas. He gied them aw names.

An, wi nae mair ado, two muckle orbs appeared – the sun an the moon – tae gie light tae the earth baith day an night.

An a wee while later, he made thoosans o bright stars tae twinkle in the dark o the night.

The Maker wis fair pleased wi it aw.

'Noo then,' he says, 'we'll hae oorsels some life aboot the place.'

He gied oot mair orders for the earth tae burst forth wi trees an bright wee flooers.

He filled aw the watters fu o fish.

He made birds tae fly in the skies an sing sweetly amang the trees.

It wis a brilliant warld that God wis stertin aff – an he felt sure he wis makin a guid job o it.

Hooever, no matter how guid it wis, the land still lay empty. So God made hunners o different beasts – lions an tigers, giraffes an gazelles, grinnin hyenas, dogs an frogs, big roarin bulls an huge hippopotami – och, an thoosans o wee creepin craturs.

God then made folk tae look like hissel – man an wumman thegither.

'They'll hae herts an minds tae love me,' God says. 'I'm gaun tae pit them in charge o this *hale* warld – tae keep it in fine fettle.'

The Lord beamed wi gladness at his work. By this time it wis the seeventh day – the Almighty wis due for a wee rest!

NOAH

It so happened that men an weemen sterted tae spread ower aw the land. But they were a sorry lot – aw fu o hate an wickedness.

God kent in his hert that he'd hiv tae wipe them aff the face o the earth an stert again.

But it wisny aw bad. There wis this wan man – he wis cawd Noah – an, in the eyes o God, he wisny tae blame for the rest.

God said tae Noah, 'I'm sendin a flood tae pit an end tae it aw. But dinny worry yersel, Noah. Ye'll be safe – aye, an so will yer faimily.

'Listen, I want ye tae stert buildin a boat – aye – a gey *big* boat at that. Caw it an Ark.'

God then set aboot gien orders tae Noah aboot the buildin o this Ark that wis tae get by the flood. It wid be big enough tae haud Noah an his wife, an their three sons – alang wi their weemen.

But no jist them – for God telt Noah tae make room for a hale jing-bang o ither livin craturs. He wis tae load two o every kind – male an female – o bird, beast an reptile. This wis tae make sure that, efter the big flood, life wid still go oan upon the earth like afore.

Weel – as ye can imagine – Noah

cairried oot God's plan jist as he'd been telt. He built the Ark an gaithered thegither pairs o aw the birds an beasts.

It wis a gey noisy assembly, right enough – aye, an nae wunner! There were coos an coyotes, an monkeys an mice, badgers an beavers, an beetles an lice. Whit a busy thrang!

At last the beasts were aw pit oan board. Noah an his ain folk came efter – steekin the door o the Ark.

Right there an then, God pulled the plug! The doon-pour sterted, an fell withoot stoppin for forty days an forty nights.

But wise auld Noah had done his job weel. For as the torrents lashed doon, the Ark began tae float aff upon the watter.

Huge mountains were swallowed up. Man an beast alike were blotted oot fae the face o the earth. God got rid o them aw – leavin jist Noah, alang wi those bidin in the Ark.

Efter a hunner an fifty days, God minded o Noah an his big faimily in the Ark. So he made a wind tae blaw ower the hale earth. The swollen watters began tae ebb till, wi a sudden dunt, the Ark ran agrun oan the tap o Mount Ararat.

Three months oan, the watters went

doon. The hill-taps showed theirsels again.

Efter yet anither forty days, Noah let
flee wan o the corbies tae look oot for
sight o land – but the muckle black bird
flew aff an wis never seen again.

Noah wis vexed an tried oot a doo next
time. But the watter still covered the
land an the doo flew back tae the Ark.

Seevin days later, Noah gied it anither
go. Guess whit? – *this* time the wee bird
flew back wi an olive leaf held in its beak.

'God be praised!' cried Noah wi cheer.
'We've got oorsels a new warld!'

God answered Noah, 'Aye, ma son,
ye're free tae leave the Ark, an take yer
loved wans wi ye. I gie ye ma blessin. An
mair, I gie ye this promise – never again
will I send floods tae destroy aw life, ye
can coont oan that. Aye, an furthermair,
I'll gie ye a sign tae mind ye – whenever
ye cast yer een tae the heavens above an
see a bonny rainbow, jist you think oan
me.'

JOSEPH

JOSEPH *the* DREAMER

IT wis gey clear to aw the folk that Jacob wis chuffed wi his big faimily – twelve sons in aw. He loved every single wan o them. But, nane-the-less, his ain special favourite wis the wan cawd Joseph, who wis born tae him in his auld age.

Noo, it happened wan day that Jacob gied Joseph a flashy jaiket as a present. Weel, ye can imagine! – this made his brithers feel gey jealous o the boy.

His brithers kent weel enough that their faither wisny playin fair, but it didny matter tae them – they took their spite oot oan Joseph an cudny even thole speakin tae him. An it didny help that Joseph wis a wee clype an telt his faither aboot aw his brithers' bad habits when they were workin wi the sheep.

Wan mornin, Joseph ran oot tae the fields, keen tae tell his brithers aw aboot the dream he'd had durin the night.

'Did ah hiv a weird dream last night, or whit!?' he says tae them.

The brithers rolled their eyes heavenward. Their wee brither wis a real blether, right enough.

'Ye see, in ma dream … ' Joseph says in a rush, ' … we were aw tyin up the corn, when the stook that wis mine jumped up straight, an then aw your stooks kinna stood roon aboot an *bowed doon low* tae *mine*. Wis that no interestin?'

The big brithers wirny impressed.

'Ya wee ranter!' they growled at Joseph. 'Who dae ye think ye are that ye'll ever boss it ower us?'

Weel, no lang efter, Joe has anither wan o his dreams, an – sure enough – he canny keep his gob shut, he's got tae tell *aw* the faimily.

'Wait till ye hear this wan,' he says. 'Last night ah had anither dream, aw aboot the sun an the moon, d'ye see? Aye – an there were eleven stars as weel, if ah can mind o it. An, whit dae ye think o this? – they were aw *bowin doon* in front o *me*!'

The faither, mither an brithers were no pleased, tae say the least.

'Dae ye really think we'll ever kowtow tae you, ma lad?' Jacob shouted at him.

But, tae be honest, he wis taken wi the lad's story, an kept the dream stored in his heid.

Inty the PIT

Wan day, when aw the brithers are oot herdin their sheep, Jacob sends Joseph tae check if they're safe.

The brithers spot the flashy jaiket fae miles aff makin in their direction, an they pit their heids thegither.

'Noo then boys – here's oor chance! We'll murder the dreamer an tell the auld man that a wild beast got him. That'll be the feenish o his daft stories.'

But Jacob's auldest son – Reuben he wis cawd – speaks up. 'Na, na – there's nae need tae kill the boy. We can chuck him doon this dried-up well ower here … an *leave* him!'

Tae let ye ken – it wis in Reuben's mind tae return oan his ain tae the well an take Joseph safe hame tae his faither.

So, when Joseph comes alang, two o his brithers grab him, strip aff his precious jaiket an fling him inty the empty pit.

The evil deed done, an feelin gey pleased wi theirsels, the brithers settled doon for a meal.

Noo it happened that some traders came by oan their wey tae Egypt.

The greedy Judah then has a bright idea an speaks up. 'Ye ken, we cud make some profit here, boys, by the wey. Why no sell Joe as a slave tae these folk gaun to the mairket? Ah mean, there's nae point killin the lad – efter aw, he's oor ain flesh an bluid.'

So a deal wis struck for twinty shekels o silver; Joseph wis hoisted oot the well, roped up behind wan o the camels, an bump-sterted inty a fresh chapter o his life.

The brithers noo did whit they'd been dyin tae do – they ripped Joseph's braw jaiket tae shreds an smeared it wi the bluid o a young goat. Then they took the jaiket hame tae Jacob, sayin they'd fund it lyin in a ditch.

'Wisny it the same as the wan ye gied tae Joe?' they asked.

Their faither kent the jaiket weel, an cried oot, 'Oh, ma son! Ma poor wee boy! – a wild beast must hiv killed ma ain dear son!'

An Jacob swore tae mourn for his laddie the rest o his days.

JOSEPH *the* SLAVE

Meanwhile, whit wis happenin tae Joseph? When the traders got tae Egypt, they pit Joseph up for grabs at the first slave roup. Since he wis a stocky, guid-lookin lad, he wis snapped up there an then by a captain o the king's guard – cried Potiphar.

It wisny lang afore Potiphar kent he'd got hissel a real bargain. For God wis keepin an eye oan Joe an he blessed the hoose as the lad cairried oot aw his duties. Joseph, it turned oot, wis dead honest an a smashin wee worker.

'I'm sure ah kin pit this slave tae guid use,' Potiphar says tae hissel wan day.

'Eh, Joseph,' he says tae the lad, 'Ye've been sloggin weel, son. I'm gey pleased – in fact, ah'm promotin ye tae tap man. Whit dae ye think o that? Ye'll get a royal jaiket an be in chairge o the runnin o ma hale hoose, as weel as ma business.'

'Ah'll dae ma best tae serve ye, sir,' says Joseph.

Sadly, he didny ken that big trouble wis near at haun.

It wis aw the faut o the captain's wife. Man, she wis a brazen hussy – always eyin up Joe's braw face an strappin body. So, when the time wis ripe, an wi nae trace o a rid face, she gies Joe the 'come-oan' an invites him to share her bed.

Joseph refuses – but she pesters him until wan day she sees her chance.

Potiphar wis away fae hame an aw the servants had feenished up for the day.

'Joseph,' says she, catchin him oan the hop, 'ah'm askin ye wance mair – will ye lie wi me?'

An she sidles close tae Joe an hauds tight onty his jaiket, a coy smile appear-in oan her face.

'Na, na … ah mean, *no wey*, wi aw due respect, ma lady,' stammers Joe. 'Ah cudny dae that tae the captain. An weel ye ken that ma God's got a guid grip oan me – ah'll no stray fae the straight an narra.'

An wi that, Joe gies her a crafty body swerve, leavin the Jezebel wi his jaiket still warm in her hauns.

Noo, as ye can imagine, Potiphar's wife wis bilin wi rage an planned tae get back at Joseph. When the captain came hame that night, she had a moothfu o lies waitin for him:

'D'ye ken that slave o yours?!' she screeched, afore he'd even sat doon. 'He came inty ma room the day an tried tae *rape* me, so he did!'

Weel, Potiphar wis daft enough tae believe his missus. He had poor Joseph flung inty the royal jile, an the smart jaiket exchynged for an iron collar.

Joseph noo finds hissel chained alang wi the ither prisoners.

But, mind this – God is watchin ower him every meenit o the day an plans are weel in haun for Joseph's future.

The MEANIN *o* DREAMS

Noo the heid jailer soon jalouses he can trust Joseph wi'oot question an gies him the golden boy treatment. He even gies him the chance tae look efter aw the ither prisoners.

Things are beginnin tae look up again for oor Joseph, when somethin strange comes aboot.

The king o Egypt – cawd Pharaoh –
wis a moody kinna man. Wan day – so
the story's telt – he loses the heid wi two
o his men. Wan wis the heid butler – his
main job was wine-sippin. The ither wis
the royal baker.

Pharaoh widny gie them a trial, so the
poor sowls were thrown inty jile. Whose
cell did they land in? Aye – Joseph's.

Noo, wan night baith the wine-sipper
an the baker had been dreamin. An in the
mornin, they were feelin gey wabbit.

'Hey, whit's wrang wi ye?' asks Joe,
lookin at the dozy pair.

'Ach, we baith o us had unco dreams,'
wan girned. 'Div ye suppose there's ony
loun here kin tell us fit they're aw aboot.'

'Nae bother, freens,' says Joe. 'Ah'm
yer man. Ye see, the meanin o dreams is
God's business, so tell me aw ye mind
aboot them?'

Weel, the butler had dreamt o a grape-
vine wi three branches. The grapes were
ripe an the king's cup wis in the butler's
raised haun. He squeezed the grapes inty
the cup an gied it ower tae the king tae
drink.

The baker had dreamt he wis luggin
three muckle baskets oan his heid, when

a flock o birds swooped doon tae peck at the scones in the tap basket.

'It's easy tae see whit this is aw aboot,' says Joe tae the butler. 'In three days' time, the king will gie ye yer job back.'

Then Joseph turns tae the baker.

'May God bless ye,' he says, his voice grave wi sadness. 'The three baskets staun for three days. Three days fae noo, the king will hiv yer heid cut aff. Yer body will hing fae a tree an the craws will peck aff yer flesh …. '

An, sure enough, efter three days the king decides tae haud a party for his birthday. He sends for his wine-sipper an gies him back his job. But nae such luck for the baker – he wis sentenced tae hing, jist as Joseph had foretelt.

Noo, afore the butler left jile, Joseph says tae him, 'Dae me a favour – tell the king that ah dinny deserve tae be locked up. Ah hivny done onythin wrang …. '

But wid ye credit it? – when the butler gets hissel settled back inty coort, he clean forgets aboot Joseph!

Then, wan night, two years efter, the king o Egypt hissel has a dream. This is it:

Pharaoh wis staunin oan the bank o a river when seeven fine sonsy coos come up

oot o the river an stert tae eat the grass in
the field. Then anither seeven coos come
oot o the river – gey scrawny beasts, these
yins, wi ribs stickin oot o their bodies.
The shilpit coos eat up the sonsy yins.

Weel, his majesty sterts up oot o his
sleep an keels oot o bed wi fright – an nae
wunner! But, still like a half-shut knife,
he kinna dovers ower oan the flair an
sterts tae dream again.

This time there are seeven guid ears o
corn growin oan wan stalk – an seeven
ither ears o corn, aw thin an wastit. The
skinny ears eat up aw the guid yins!

The king wakes up, sweatin. He kens
it's aw a dream, but he's gey pit oot jist
the same.

So he sends for his wise men tae tell
oot the meanin o his nightmare – but
nane o them are ony guid.

It's jist aboot then that the dozy butler
minds aboot Joe – an no afore time!

'Eh, by the wey, yer majesty – ah've
jist minded o this canny loun whae wis
locked up wi me an the baker, in the jile
thon time. He kent aw aboot the meanin
o dreams.'

Wi nae mair ado, the king sends for
Joseph.

Oan his wey tae the royal chamber, the servants gie Joseph a quick shave, fix him up wi smart claes an shove him in front o the Pharaoh.

'Nane o my so-cawd wise men can help me wi my dreams,' says the king. 'That's why *you're* here.'

Weel, Joseph's a wee bit jumpy. 'Yer majesty, *ah* canny help ye by masel,' he says. 'But God will gie Pharaoh the answer tae his dreams.'

So the king tells Joe aboot his dreamin … the seeven sonsy coos comin oot o the watter … then the seeven scrawny coos … an the seeven thin coos eatin up the fat yins.

Joseph gies a wee grin tae the wise men. He says tae the king, 'Yer majesty – this is God's wey o tellin ye whit will happen right here in yer land. There'll be seeven guid years o harvests, an then seeven years o naethin. You should pit by a muckle load o stores in the guid years so that yer folk'll no sterve when the bad times come alang …. '

JOSEPH *the* RULER

Noo the king wis dumfoonert – he'd aye had guid crops, had he no?

'Cud ah mebbe suggest, yer majesty,' says Joseph, wishin tae be helpfu, 'that ye divide yer land inty five pairts an find an officer tae look efter each wan …. Oh aye, jist anither thing, sir, by the wey – an beggin respect for yer majesty – you wid be wise indeed tae look oot for the maist sensible man in Egypt, an pit him in chairge o the hale crop plannin.'

Joseph bowed tae the king an sterted tae move back.

'Haud oan there a meenit,' says the king tae Joseph, 'I've been thinkin. For sure, there's naebody in the land that cud dae the job better than yersel! God has telt ye whit's tae happen. I say that *you're* the maist canny man in aw the land. From noo oan, I want *you* tae take charge.'

Joseph disny argue!

The king takes aff his royal ring an slips it oan Joe's finger. He gies him posh linen claes an pits a gowd chain aroon his neck. Oan tap o that, he gies Joseph free run o the royal chariot.

Oor Joe is a gey happy man!

An so, durin the next seeven years, it wis Joseph's job tae check that aw the fermers filled their barns bung-fu o the guid crops o grain.

Like it wis telt, sure enough – for seeven years efter, there were nae harvests. An the famine spread through aw the ither lands as weel as Egypt until the hale o Africa wis stervin. But Joseph's lot were reddy. Openin up his store-hooses, he wis quickly sellin his grain tae aw the people.

Noo, auld Jacob came tae hear aboot the grain in Egypt an telt his boys tae go there an try tae buy some afore they aw sterved tae death. Ten o Joseph's brithers set oot thegither, leavin jist the wee laddie Benjamin at hame wi his faither.

When they get tae Egypt, the ten brithers staun afore Joseph, the governor, askin for grain. Joseph kens fine who they are, but nane o them ken the young brither they nearly murdered.

They aw *bow doon low* afore *him*!

An, for a moment, Joseph is minded o the dream he telt them aboot mair than twinty years afore – 'then aw your stooks kinna stood roon aboot an *bowed doon low* tae *mine*.'

Joseph teased them a bit afore revealin

hissel as their lang-lost brither. He hug-
ged them an forgave them. They cudny
stem their greetin. It wis pure joy, so it
wis.

Then he sent them tae bring his faither
an wee brither Benjamin.

Jacob an his boys were awthegither,
again!

GIDEON

NOO, when the folk o Israel sterted wance again tae chase efter their false gods, the Lord wisny best pleased, so he gied them ower inty the hauns o their enemies – the Midianites.

They were a gey cruel lot an nae mistake! For them, reivin wis the name o the game. The sodgers fae Midian ransacked the land, stealin aw the gear they cud pit their hauns oan. They even made aff wi the sheep an the coos, leavin the folk doon oan their uppers.

When they cud staun it nae mair, the people cried oot tae the Lord for help – an their prayers were heard.

A young man, cried Gideon, had been hidin fae the sodgers doon at the bottom o a wine-press, when, oot o the blue, an angel o the Lord appears afore him.

'Ye're a brave man, Gideon,' says the angel. 'An I've got news for ye – the Lord God is oan *your* side.'

'Ye must be kiddin,' says Gideon, a bit gallus like. 'Ye ken we've been trampled doon for seeven lang years. How aboot aw the miracles oor faithers promised us when they said, *Did the Lord no free us oot o Egypt?* Seems like God has left us weel alane – an noo we're in the hauns o the Midianites!'

But the angel wisny fazed.

'Listen tae me, young Gideon. I'm plannin tae send you tae *smash* the Midianites an rescue the land o Israel fae their clutches.'

'Aye, that'll be right,' Gideon murmured. 'Ah tell ye this! ... ah'm a naebody ... ma faimily's wan o the lowest o the low .... '

Then he cairries oan, ' ... still an aw – if ye *are* who ye say ye are, then mebbe ye cud gie me proof! Whit aboot this – ah'll pit some wool oan the grun jist noo; an in the morn, if the wool's kinna wet an the grun's dry, ah'll believe ye!'

The next day, the grun's dry an the wool's wet – but Gideon's still no sure. He asks for mair proof – *dry wool* this time, wi *wet grun*. An, wance mair, he gets aw the right signs!

Gideon then caws his wee army thegither an sets oot tae meet the enemy.

Suddenly he hears God's voice, sayin, 'Gideon – can ye hear me?'

'Aye Faither, ah kin hear ye fine,' says Gideon. 'We're aw set tae get stuck in – ma sodgers are rarin for victory!'

'Weel then, hear this,' God says. 'I want ye tae tell ony man who's feart tae fecht the Midianites jist tae go hame.'

Oan hearin this, twinty-two thoosan so-cawd 'sodgers' skulked hame.

But ten thoosan steyed put.

'Na, still too many!' says God. 'I want ye tae take yer men doon tae the watter. Separate those who sook up the watter wi their tongues like dugs, fae those that drink oan their bended knees. Keep the yins that drink like dugs an send the rest hame.'

Efter this, Gideon's left wi jist three hunner men!

He splits his army inty three – wan hunner men in each. Then he gies each sodger a clay pot wi a lit torch inside; an, wi that, he hauns them a trumpet.

'Noo then men, dae the same as me,' Gideon says. 'When my men get tae the side o the camp, we'll blaw oor trumpets an the rest o ye blaw wi aw yer might an

main. Then crack yer jars an cry oot,
The sword o the Lord an o Gideon!'

So, jist efter midnight, Gideon an his
hunner men creep roon tae wan side o the
Midian camp. Oan order, they gie a blast
oan their trumpets an smash their jars, so
that their torches blaze like fire in the
night sky.

Then the ither two hunner men
charge roon, wavin their torches, blawin
their trumpets, an yellin, *'The sword o the
Lord an o Gideon!'*

Weel, whit a stramash!

The Midianites go clean gyte wi fear
an stert rinnin aroon like heidless hens,
killin wan anither in their panic.

Gideon an his boys gie chase an drive
the stragglers right ower the River Jordan.

The people o Israel were free wance
mair, an the land enjoyed peace for anither
forty years – thanks tae Gideon.

God blessed the guid man, gied him
mony sons, an he lived tae a ripe auld age.

4

RUTH

THERE wis wance a great drought in the land o Judah an mony folk decided they wid hiv tae go abroad in search o food.

A man cawd Elimelech bided in Bethlehem wi his wife Naomi an their two laddies – Mahlon an Chilion.

'Ye ken, we should be tryin oor luck in the land o Moab,' said Elimelech wan day.

The faimily aw agreed, so they packed their bags an set aff for this new country, hopin an prayin they'd be able tae get alang wi the customs o a different sort o people.

Weel, they settled in Moab, but sadly, no lang efterwards, Elimelech ups an dies. Even so, Naomi decided tae bide oan in her new hame. An soon enough, baith o her sons were wed tae two bonny Moabite lassies cawd Orpah an Ruth.

Naomi wis fair pleased wi her new

faimily an aw went jist fine for the next
ten years.

Then – wid ye believe it? – baith o the
sons passed oan.

Poor Naomi wis desolate, first sufferin
the loss o her man an noo her two laddies.

Efter days o hert-searchin, she made
plans tae go back tae her ain folk in
Bethlehem, havin heard the news that the
Lord had blessed his folks there by giein
them guid crops again.

Orpah an Ruth said they'd go wi her,
an the three weemen set aff oan their
travels up the valley o the Jordan.

But it didny take lang afore Naomi
chynged her mind.

Says she tae them, 'Och no, ma lassies,
I want ye baith tae go hame tae yer ain
faimilies. An may God gie his blessin
that ye'll find two ither guid men for
husbands.'

Naomi kissed the girls an aw three o
them burst oot greetin. Orpah wished her
mither-in-law guidbye an headed back
tae her ain folk.

But Ruth wisny that struck oan the
idea. She had made up her mind: 'Oh,
please dinna mak me gang hame, Naomi!
I want tae gang whaur you gang, an bide

whaur you bide. Your folk will be ma
folk – an your God will be mine as weel.
Only death will pairt you an me.'

When Naomi saw the wey Ruth's
mind wis set, she cudny argue wi her.

So Naomi an Ruth set aff oan their
journey, arrivin in Bethlehem at the stert
o the barley hairst.

Then wan day Ruth said tae Naomi,
'Wid you gie me yer blessin tae gang
inty the fields an gaither up ony barley
stalks that've been owerlooked by the
reapers?'

Naomi gied her the nod, an aff she
went inty wan o the fields, gaitherin up
the stalks.

Noo, it jist so happened that the field
belanged tae a man cawd Boaz. Believe it
or no, he wis Naomi's kinsman in
Bethlehem an he wis a gey rich fermer.

A wee while efter, who should come
inty the field but Boaz hissel!

'Ye're aw daein a grand job,' he shout-
ed oot tae the ither workers.

Then, tae wan o his fee'd-men, he
nodded tae young Ruth, sayin, 'See that
lass ower there – d'ye ken who she is?'

The man looked ower. 'Ah'm no awfy
sure – ah think that's the lassie that came

back wi Naomi fae Moab,' he telt Boaz. 'She's been pickin up grain here since the crack o dawn.'

Boaz wis fair impressed an went ower tae Ruth.

'Guid day tae ye, my dear,' he said, kindly. 'Welcome tae Bethlehem.'

Ruth gied him a shy smile.

'Noo, see here,' Boaz went oan, 'I want ye tae stey put in this field an don't go stravaigin. I've telt aw the young men no tae gie ye ony hassle. An if ye're thirsty, by the wey, the watter jugs are ower there.'

'Ah'm fell obliged tae ye, sir,' Ruth answered in a douce voice, 'considerin I'm a foreigner ....'

'Na, na, I ken *aw* aboot ye,' Boaz says. 'How ye left yer ain country an hame tae live here. How ye've looked efter Naomi since she lost her man.'

Ruth smiles at the fermer. 'You're ower kind, sir. Thank ye.'

Boaz then telt his reapers tae make sure that Ruth went hame wi a guid arm-fu o barley stalks.

Naomi wis fair pleased wi Ruth's labours. 'Ye've done very weel, ma lass. Where did ye go?'

'I worked in the field o a gey couthie

man – Boaz wis his name,' says Ruth. 'He seemed fair taken wi me. He said I cud cairry oan till the end o the hairst.'

'God be praised!' cries Naomi. 'Wid ye believe it? – Boaz is a kinsman o mine. Lassie, we've surely been blessed this day!'

The day soon came when Naomi says tae Ruth, 'Ye ken, I'm thinkin that the time has come, daughter, for me tae pick oot anither husband for ye. Boaz is the man I hiv in mind. So here's whit I want ye tae do.

'The grain will aw be gaithered in the night, an Boaz will be havin his harvest supper. When he's feenished his meal, he'll want tae hae a snooze – an that'll be yer chance. You jist lie doon beside him an share his robe. He'll soon get the message.'

So Ruth went tae the threshin shed, jist as Naomi had telt her, an when the supper wis ower, she noticed Boaz wis in a fair contented mood.

He lay doon, an, sure enough, fell soun asleep.

Ruth cud feel her wee hert poundin like she'd never kent it afore. She tip-toed near, held her breath, an quietly lay doon beside her boss. Then, slowly, she covered her legs wi the skirt o his robe.

At midnight, Boaz turns ower in his sleep. He feels the warmth o her body an opens his eyes.

'Who's that?' he gasps in surprise.

'Ruth, sir,' she whispers. 'I've been telt that you are ma close kin.'

Boaz took a wee while tae recover fae the shock o it, but, tae be honest, he wis kinna happy aboot the wey things were turnin oot.

'Ye're a guid lass, Ruth,' he says tae her, 'but I have tae tell ye it's no that easy – I'm no yer nearest kin wi a God-given right tae wed ye. I'll speak tae the right man the morn, an gie him his chance by law.'

Next day Boaz goes tae the village tae find the kinsman in question. Then he forms a coort o ten elders an speaks his mind tae the man.

'Ye ken aboot Naomi? She's come hame tae sell the field belangin tae her man. You, sir, hiv first claim, an I come next. But I hiv tae tell ye – if ye buy the field, ye'll hiv tae wed Ruth, the Moabite lass, inty the bargain.'

'Weel, that makes a difference,' says

the man. 'No, ah'll no dae it, for fear ah spile ma ain inheritance.'

Noo, since it wis the custom in those times in Israel for a man tae pull aff his sandal if he wis gien ower a right o sale tae anither man, that's jist whit he did.

'*You* can make the claim, Boaz,' says the man.

Boaz turned an spoke tae aw the folk.

'I agree tae buy the gear that belanged tae Elimelech, Mahlon an Chilion. An I agree tae take Ruth as ma wife. The gear will aw faw tae her bairns an Elimelech's guid name will no die oot. You are ma witnesses.'

Ruth an Boaz were wed an a fine son wis born tae them in due course. Naomi wis fair delighted an cuddled the bairn tae her breast. Obed wis the name o the bairn.

Noo here's a fact tae ponder – Obed wis tae be King David's grandfaither!

5

DAVID *an* GOLIATH

W AN day it happened that a wee shepherd laddie cawd David wis sittin fair contented gairdin his sheep.

'Davie, ma boy,' his faither Jesse cries ower tae him, 'will ye dae me a favour? I've got a job for ye that'll help pit ma mind at rest.

'I want ye tae nip up tae the battle front an speir whither yer big brithers are safe an weel. Take thae rolls wi ye for the boys, an gie this bit o ripe cheese tae their captain. It'll keep his girnin face straight.'

'Aye Dad,' says Davie, eager tae please. 'Is there onythin else?'

'Aye – mind an bide weel back fae the fechtin an see ye hurry back hame.'

Off the wee laddie ran.

Noo, tae let ye understaun – the Israelites at this time were at loggerheids wi them that were cawd the Philistines, an Jesse's three boys were right smack in the fechtin line.

Fair oot o pech, Davie ran inty the Israelite camp jist as the army wis leavin tae go inty battle. The wee lad rushed aroon, lookin for his big brithers.

But no sooner had the army marched oot, than aw the brave warriors were back-pedalling like mad tae their tents. Aw the shoutin an yellin died doon, gien wey tae garbled murmurs.

'That's gey funny,' Davie says tae hissel. 'Wunner whit's gaun oan?'

He soon fun oot!

An enormous sodger wis leadin the Philistines across the valley – a giant o a man cawd Goliath fae the city o Gath.

'God Almighty!' Davie whispers – 'an ah'm no takin yer name in vain Faither, honest! But that sodger! He must be ower *nine feet high*!'

Goliath thundered oot his challenge – 'Come oan then, ya bunch o nae-users! Pick oot a fechter for me an ah'll settle this stramash in wan square go!'

Weel, the Israelites had nae gumption tae face up tae the giant an were shattered tae the core.

All of a sudden wee Davie speaks up. 'Scuse me, if ye please – ah'll be willin tae fecht this big bully!'

The Israelites were gobsmacked! Did this wee nyaff ken whit he wis sayin?

'Ah guard ma faither's sheep back hame. Ah've tackled mony a wild beast. Jings, ah've even killed bears an lions afore noo.'

King Saul sends for Davie. 'Haud oan son, ye canny fight Goliath. He'll crush ye wi wan fell blow. Ye've got tae bear in mind he's a giant as weel as a sodger.'

'Aye, but yer majesty,' says Davie, 'the Lord is oan ma side. Ah'm no feart tae fecht the Philistine. All ah need is ma sling an five smooth stanes an ah'll kill him for sure. Ah ken that the Lord'll be lookin efter me. Ah'll gie the big man laldie.'

'Very weel,' answers the king, shakin his heid. 'God be wi ye, son.'

An he minded suddenly, 'Oh, David – ye'll be needin some armour. Here, try mine.'

Davie pits oan the royal coat o mail, but the big helmet clanks doon ower his eyes. He canny budge wi the weight o it.

'Och, it's nae use, sir!' Davie cries oot, throwin the helmet aff. 'Ah canny fight like this. Ah'll manage fine wi'oot the gear.'

So Davie throws aff the armour an runs ower tae a stream nearby tae pick up five big chuckies for his sling.

Goliath, the big man, dauners up tae Davie an looks him up an doon. Then he raps oan his shield wi the end o his spear. 'Are *you* the best they've got?' he sneers. 'Weel, come oan then, ya scrawny plook! By ma ain god, Dagon, ah'll cut ye up fae the sparras!'

'Naw, big man,' Davie pipes up, 'it's *your* body that'll go tae the birds. For I come in the name o *Israel's* God an he'll gie me the upper haun the day.'

Fair roarin by noo, Goliath moves in, an Davie lets fly wi his biggest chuckie.

It *wheechs* through the air, smashin inty the foreheid o the big man.

Goliath teeters for a wee bit an then crashes doon tae the grun, flat oan his face.

'An noo, tae make sure – ' wee Davie yells.

He ran tae the giant, hauled up the sword – an hewed aff his heid!

6

ELISHA

The POOR WIDOW

IT happened wan day, while visitin wi Elisha, that the wife o a prophet came ower awfy strange an burst oot greetin.

'Maister,' she cried, 'it grieves me tae tell ye … ma husband has jist died … an … weel … ye ken fine he wis a guid man an worshipped the Lord. Noo ah'm in sair trouble, sir ….

'Ye see, ma man wis lent some money, an ah've got nae means tae pey aff the loan. If ah don't gie him his due, the tally-man's gauny take away ma two bairns for slaves.'

Elisha kent fine that he hissel cudny help; bein a prophet disny bring in the pennies.

'I wunner how I can help the lass,' he says quietly tae hissel.

His Almighty Faither gies him the answer an he turns tae the wumman.

'Tell me, dear – whit've ye got left in yer hoose?'

'Jist a wee bit jar o olive oil,' she says.

'Weel then, we're in business!' Elisha says, rubbin his hauns. 'That'll dae jist fine. Noo, I want ye tae caw oan yer nee-bours an borrow their empties. Then, go back hame wi yer boys, an steek the door. Stert pourin the oil fae the wee jar inty the ither wans. As each is filled, lay it aside.'

The weedow-wumman goes away an dis whit she's telt. She fills wan jar efter anither till they're aw fu – an the oil stops flowin.

Then she goes back tae the prophet, burstin wi talk o the miracle.

'The Lord has blessed ye,' says Elisha. 'Noo away an sell yer oil an pey aff yer debt – an ye'll still hiv some left ower for yersel, nae fear.'

A *live again!*

There wis anither story telt aboot Elisha. Wan day he wis journeyin tae a place cawd Shunem, when a well-heeled wum-man o the toon invited him tae her hoose for a bite tae eat.

When the prophet left the hoose that day, she says tae her man, 'He's a guid kind man o God, that Elisha. An he's surely no a stranger tae us noo. Whit dae ye say we make a wee extra room here for him when he's in toon?'

Her man wis willin, right enough, an in nae time they gied their freen his ain place, wi a table, chair, an a bed tae rest in an meditate.

Elisha wis pleased tae hiv his ain wee study an thought he wid like tae repay the lady for her kindness. The prophet's servant, Gehazi, racked his brains an came up wi the answer.

'She disny hiv a bairn, maister, an her husband's gettin weel oan in years.'

Elisha smiled. 'Whit a guid idea! Aye! Ye've excelled yersel, Gehazi!'

So, efter Elisha had feenished prayin, he sent for the wumman.

'I hiv some guid news for ye,' he says. 'Aboot this time next year, ye'll be haudin a wean in yer airms – a son.'

The wumman wis taken aback, but sure enough, the year efter, she gied birth tae a son – jist as Elisha had telt her.

Wan day, when the boy wis grown up, he went oot to see his faither who wis workin alang wi the reapers in the field.

Suddenly the boy screams oot in pain. 'Faither! Faither! – oh, ma heid! Faither! Aw faither! It's sair!'

'Take the lad straight hame!' the faither shouted.

Hame again, the mither cairried her laddie inty her room an cradled him in her lap. At noon, he died.

Wi'oot tellin onywan, she took the lifeless body up the stairs, laid it doon gently oan Elisha's bed, an shut the door.

Then she cawd oot tae her man for wan o the servants tae bring her a donkey.

'I'm gaun right away tae see the man o God,' she cried oot. 'I'll be straight back.'

So she sets aff tae find Elisha at Mount Carmel. Spottin her in the distance, the prophet shouts tae his servant, 'See! ower there! That's the wumman fae Shunem. Run oot tae her an see if she's aw right.'

When Gehazi reaches the wumman, she tells him everythin's fine. But it's a different story when she comes face tae face wi Elisha.

'It wis you, ma Lord, that raised ma hopes. Ah telt ye no tae deceive me!'

Elisha caws tae his servant, 'Gehazi, take ma staff! Go wi this wumman an lay ma staff upon the face o the child.'

Gehazi hurries aff. The mither looks long an hard at Elisha, 'I swear tae ye, sir,' she says softly, 'as the Lord lives, I'm no leavin here *wi'oot* you.'

Elisha grips the wumman's haun.

'We'll stick thegither,' he says. 'Jist trust me.'

The prophet an the wumman return hame thegither, but afore they get tae the hoose, Gehazi meets up wi them an hauns ower the staff tae Elisha.

'There's nae life in the bairn, maister,' he says quietly.

Right enough, when they get tae the hoose, the lad lies cauld oan the prophet's bed.

Elisha goes inty the room by hissel an slowly shuts the door. Oan his bended knees, he speaks tae his Almighty Faither. Then, stretchin ower the boy, he hauds the boy's hands, pits mooth tae mooth, an eyes tae eyes. Slowly ... very slowly ... the wee body seems tae get warm.

The prophet's hert is thuddin in his breast, an his eyes fill up. A tear drips oan the boy's cheek.

Then Elisha stauns up, takes a lang deep breath, an paces the room.

Movin back ower tae the bed again, he kneels doon an breathes inty the body.

Suddenly there's a wee cough … then a sneeze … an anither sneeze … an anither! An anither! Seeven sneezes in aw! An then – *hallelujah! God be praised!* – the lad's eyes open wide!

Elisha sends for the wumman.

'Here's yer bairn,' he says.

The mither bowed doon at his feet in joyfu thanks. Then she took up her bairn – an cuddled him close.

NAAMAN *is cured*

Captain Naaman, the heid o the Syrian army, wis kent as a gey fine sodger. The king o Syria hissel wis weel pleased wi the success o the raids Naaman led ower his borders, attackin the land o Israel.

Naaman wis a hero, chock-fu o pride, but he wis a sad man an aw – for he wis wan o thae leper folk. An there wis nae cure.

Noo, some Syrian sodgers, reivin ower the border, cairried aff an Israelite lass an gied her tae Naaman's wife as a present.

The captain's wife wis kind tae the lassie an she settled doon fine in the hoose.

Wan day, hooever, she says tae her mistress, 'Ah ken that the captain isny weel, ma lady. Back hame in Israel, there's a braw man o God cawd Elisha – he can perform miracles wi God's blessin. If the maister went tae veesit the prophet, ah'm sure he wid cure him o his leprosy.'

Naaman, hearin the news, tells his king aw aboot the miracles cairried oot by this Elisha.

'It's my advice that ye should veesit this prophet,' the king agrees. 'Better still, I'll gie ye a letter tae present tae the king o Israel. It'll say, *The man bearin this letter is ma guid servant Naaman. I want him tae be cured o his leprosy* .... '

Naaman then sterts oot for Israel, takin wi him the letter for the king o that country. Alang wi it, he takes presents o silver, ten thoosan shekels o gowd, an ten sets o claes tae chynge inty alang the road.

Noo it happens that when the king o Israel reads whit's written in the letter, he loses the heid an sterts tearin at his claes!

'Is that king o yours clean gyte aw-

thegither?' he shouts at Naaman. 'Dis he
no ken there's nae wey *I* can make ye
weel! Na, there's somethin mair tae this.
It souns kinna like he wants tae pick a
fecht! Is that his ploy – tae stert anither
oot-an-oot war wi me?'

Elisha then gets tae hear o the veesit
an sends a message tae the king, sayin,
'Whit's the problem, yer majesty? Send
Naaman ower tae me. Gie me a chance
tae make him weel an he'll soon ken that
we hiv a true prophet o God right here in
Israel.'

Hearin this, Naaman aboot-turns an
sets aff tae Elisha's hoose in his braw
chariot, wi his muckle steeds gallopin at a
guid lick.

Hooever, Naaman's gey narked when
only Elisha's man appears at the door,
sayin, 'The prophet wants *me* tae tell *you*
tae dook yersel seeven times in the River
Jordan, an that'll make ye weel again.'

'Jist a meenit!' says Naaman. 'Ah
thought the man hissel wid come oot here
an wave his hauns ower ma leprous bits.
But *me* wash *masel* in that clarty puddle ye
caw the Jordan?! Nae wey! Are you tellin
me the rivers o Damascus are no jist as
guid for me tae wash in?'

An he galloped aff in his chariot alang the riverside, his temper ragin.

His officers ran efter the captain, pleadin wi him, sayin, 'If the prophet had telt ye to dae somethin *hard*, wid ye hiv gien it a try?'

Naaman slowed the chariot doon an glowered back at them.

' ... so why no gie this easy thing a chance?' they asked.

Naaman sterts tae laugh. Then he comes doon aff his chariot an dooks hissel seeven times in the river.

Comin oot o the watter, he stares doon at his body. The leprosy's gone an his skin's saft an clean – jist like the skin o a wean.

Naaman, brimmin ower wi joy, rushes back tae Elisha, shoutin oot tae the prophet, 'Aye, sir! – the God that you worship is *true*, right enough! An ah'm gauny worship him masel fae noo oan!'

7

ESTHER

THE trouble aw sterted when Queen
Vashti had the cheek tae tell the
king she wisny comin tae his party! The
booze wis flowin gey freely an maist o the
guests – the king an aw – were fu, *mighty
fu*!

'See me?!' cries the ruler. 'I've got
wives galore! But the night – tae please
ye aw – I'll bring oot ma favourite – aye,
the queen. Man, it's a pleasure tae show
aff her beauty.'

The king – Xerxes he wis cawd – wis
power-mad. He wis the Emperor o Persia,
efter aw, rulin ower a hunner an twinty-
seeven provinces stretchin fae India tae
Ethiopia. For six months he'd been flaun-
tin the riches o his Empire – an, tae top
it aw, this party o his wis tae be a shindig
tae mind o for years tae come.

Queen Vashti wis enjoyin a quiet wee
party o her ain in her harem, when she
hears the randie king screamin tae the

eunuchs, 'Bring her oot! An make sure an take aff the veil! Ye can *aw* gaze oan her face.'

Weel! Wid ye credit this? Her majesty wisny aboot tae make an appearance oan thae terms!

Talk aboot a rid face! The king wis furious. He cudny thole sic an insult.

He cawd ower his lawyers.

'Accordin tae the law,' he says tae them, 'whit can we dae to get back at the queen for this act o defiance?'

'Weel, we suggest, yer majesty,' says the heid lawyer, 'that ye get rid o Queen Vashti oot o sight awthegither. If she gets away wi this, aw the weemen in the land will follow suit. We suggest, sir, that ye haud a beauty competition. We'll seek oot aw the bonniest virgins in the land an bring them here tae the palace. Then ye can choose for yersel a new queen instead o Vashti.'

Efter eyein up a long line o talent, haun-picked fae aw the airts an pairts, the king picks oot a lass cawd Esther.

She wis the comeliest o them aw an the queen's croon wis set upon her heid.

Noo, Esther had nae faither or mither. She had been raised in the Jewish weys by

Mordecai, a man o that faith workin in the king's palace.

He warned the lass no tae let oan tae the king that she wis Jewish.

Wan day, Mordecai owerhears that two o the court's eunuchs are plottin tae pit doon the king. Mordecai tells Esther ... Esther tells the king ... an the plotters are soon hingin fae the gallows.

Mordecai's name is entered inty the palace diary for savin the king's life.

Noo it happens that, soon efter that time, the king promotes a man cawd Haman tae be his new prime meenister.

Haman's a cruel, big-heided bloke, demandin that everywan must bow doon tae him as he passes by.

But Mordecai refuses. 'Gie homage tae him!?' says he. 'Na, ah'll no dae that.'

When Haman is telt aboot Mordecai's big mooth, he sets oot tae punish him. But no jist Mordecai, for Haman's lookin for an excuse tae crush the *hale* race o Jews throughoot the Empire.

Haman goes tae the king.

'Yer majesty,' says he. 'Ah hear there's a race o folk in yer land – they're cried Jews, d'ye see. An ah hiv tae tell ye that they're no obeyin yer laws. Noo, just gie me the nod an ah'll hiv them aw written aff – an ah'll pit a load o silver inty yer treasury, tae boot.'

'Keep the money,' says the king. 'Jist dae whit ye want wi thae folk – whitever ye think fit.'

Haman then makes oot a law sayin that oan a fixed day, every Jew in the land wid be killed. Any gear belangin tae them wid go tae the folk that cairry oot the killin.

Mordecai an the Jews stert tae fast. They weep an wail, an pit theirsels inty mournin.

'We've only got the wan hope,' says Mordecai in despair. 'We'll hiv tae ask Esther tae plead wi the king tae save oor lives.'

Esther wis keen tae help, but the plan wisny jist as easy as Mordecai thought. For naebody – but *naebody* – wis allowed inty the inner coort, unless the king wis haudin oot his gowden sceptre.

'Ye ken I'll be pit tae death if I go tae the king wi'oot his say,' cries Esther. 'No jist that – but it's been a *month* since I've been on ma own wi him. Mebbe I'm oot o favour.'

'Naebody else but *you* can save oor

people, Esther!' begs Mordecai. 'Ye *must* go tae the king! We'll aw pray for ye.'

Esther's gey feart but she decides tae pit her life at stake an trust in the Lord. Efter three days, she pits oan her royal claes an, wi her hert thumpin in her breast, she walks slowly inty the royal hall.

The king smiles. He's gled tae see her. She's lookin gey bonny. 'I wunner why I hivny sent for her these past few weeks,' he thinks tae hissel.

'Whit is it ye want, my dear wife?' asks the king.

'If it pleases ye, sir,' says Esther, 'will you, an Haman, come tae dinner wi me the night?'

The king agrees, an durin the meal that night, he says tae Esther, 'Is there onythin ye wid like fae me? Say the word an it's yours. Ye can even hiv hauf o ma hale Empire, if ye so desire it!'

'Oh, please … if yer majesty loves me,' says Esther aw in a rush, 'an ye want tae gie me ma wish … weel, come again tae ma room for dinner the *morn's* night. Bring Haman as weel, an ye'll ken then ma request.'

Needless to say, Haman is chuffed at

bein asked oot wi the king an Queen Esther, but his mood soon changes as he leaves the palace. For who wis staunin at the gate, but Mordecai. An, as usual, he jist widny bow doon tae Haman.

Arrivin hame, Haman rants oan an oan aboot it tae his wife.

'Why no build a gallows an hing the Jew?' says Haman's wife. 'Ye can get the king's say-so when ye meet him the morn.'

Haman loses nae time an orders a gallows tae be fixed up.

That night the king cudny settle doon tae sleep. He wis tossin an turnin in his bed. Suddenly he sat up an ordered his chief eunuch tae bring the palace diary tae his room.

Turnin ower the pages, he comes across the bit aboot Mordecai an how he saved the king from bein murdered.

'D'ye ken if we ever gied Mordecai some reward for his guid deed?' asks the king.

'Sir, naethin's been done that ah ken aboot …, ' says the eunuch.

Noo, aw this time, Haman's waitin impatiently tae see the king, hopin tae get the nod tae hing Mordecai oan the gallows he's buildin.

'Who's oan duty in the coort?' cries the king.

A courtier replies, 'Haman's waitin here, yer majesty.'

'Weel, dinny jist staun there – bring him in!' orders the king.

When Haman enters, the king says, 'I've been thinkin – whit kinna reward should I gie tae ony man deservin honour fae his king?'

'He must mean *me*!' Haman thinks tae hissel. 'Who else wid he want tae honour mair than me?'

'Weel, if ah were you, ah'd bring oot some o the royal claes, sir,' Haman says. 'Some ye've worn yersel, of coorse. Aye, an bring oot yer ain horse. Then tell wan o your heid men tae dress the man in question an lead him oan horseback through the toon shoutin, *This is whit happens tae the man rewarded by the king!*'

'I'm impressed,' says the king tae Haman. 'Right then, take these robes o mine, an ma horse, an dae jist as ye've said ... tae *Mordecai,* the Jew! Every wee bit o it, mind – doon tae the last detail.'

Haman is shattered to the core. But he dis as he's telt by the king.

He leads the procession wi Mordecai

oan horseback, shoutin, '*The king orders ye aw tae gie praise tae Mordecai!*'

Efterwards, when things get back tae normal, Mordecai returns tae his work an Haman goes hame wi his tail between his legs, prayin naebody sees him.

As he's tellin his wife aboot the fuss, the king's eunuch arrives tae take him tae dinner wi Queen Esther.

Durin the meal, the king speaks to Esther. 'Tell me, whit's oan yer mind, lass? Whit can I dae for ye?'

Esther opens the floodgates an pleads wi the king.

'Ah jist ask for ma life tae be spared, yer majesty, an the lives o ma kinsfolk as weel. We've aw been condemned tae die.'

'Whit oan earth are ye bletherin aboot?' says the king. '*Who* wid dare tae lay a finger oan ye?'

'Him that's staunin beside ye, ma lord,' cries Esther. 'Vile Haman!'

The king canny believe whit he's hearin! He jumps up, bilin mad, an goes oot tae the garden, pacin up an doon in his anger.

Esther sits doon oan her couch. Haman, aghast at the turn o events, drops doon beside her, beggin for mercy.

Comin in fae the garden, the king roars oot, '*Na! na! Crawler! Scum!* Wid ye rape the queen afore ma very eyes?!'

Wi'oot waitin for orders, the heid eunuch pits the death veil ower Haman's face, an tells the king, 'D'ye ken he's had a gibbet built at his hoose, sir – jist so he cud hae Mordecai hung … '

The king wis dumfoonert.

'… aye, sir, Mordecai – the same man that saved yer life.'

'Weel, hing *Haman* oan it!' orders the king.

An sure enough, Haman hissel wis hung oan the gibbet o his ain makin.

When the king's temper cooled doon, Esther pleaded wi him tae chynge his order for the death o the Jews.

'Ye can add oan yer ain wish tae ma law,' agreed the king, 'an I'll add my royal seal tae the order, right away.'

So Mordecai made oot an order tae gie the Jews the right tae defend theirsels. Oan the day set for the attack, the Jews, in their turn, crushed aw their enemies.

Aw these facts are written doon in the records. Esther's courage will aye be minded.

8

DANIEL

TRAININ *at the* PALACE

DANIEL wis jist a wee laddie when King Nebuchadnezzar took him hostage from his hame in Jerusalem. He wis picked oot, alang wi three o his brainy pals, an taken aff tae the coort in Babylon. The four boys had aw done weel at school an the king wanted tae train them as coonsellors in his palace.

'Pit them in the royal school for three years,' he ordered. 'Gie them jotters an books, teach them oor language, an see that they get the best o food an wine from my ain kitchen.'

Hooever, the boys had a problem – they wanted tae stick tae their ain weys an their ain type o food an drink, an had nae hert for aw the rich food they were offered. So they asked the guard tae gie them jist vegetables an watter for their meals.

The guard said aye, he wis willin tae help. Efter a ten-day trial, they were mair

healthy than aw the rest o the group pit
thegither. No only that – they were tap o
the class wi their learnin; an wi God's
blessin, Daniel got first prize for tellin
oot the meanin o dreams o aw kinds.

By the end o three years, the four boys
fae Jerusalem kent mair aboot Babylon
than *aw* the ither wise men o the city.

The FORGOTTEN DREAM

Wan night King Nebuchadnezzar had a
gey wild dream. He jumped oot o bed in
a cauld sweat, screamin for aw his wise
men, demandin tae ken the meanin o his
nightmares.

'Aye … weel,' they murmured, tryin
tae keep him sweet, 'jist tell us whit yer
dream wis aboot, yer majesty, an we'll
mebbe work oot its meanin.'

'Na! na!' said the king, 'ye're no gettin
away wi it that easy. I want *you* tae explain
baith the dream *and* its meanin.'

The wise men were no *that* wise – an
nae wunner. 'Whit ye ask, sir, isny
possible. The gods cud tell ye, but we're
jist flesh an bluid.'

The king then loses the heid wi them an yells for aw his coonsellors tae be pit tae death.

Daniel an his freens were telt that they wid die alang wi the rest.

Hearin this, Daniel goes tae the king's bodygaird an asks for the hingin tae be held aff for a bit, vowin hissel tae tell the king the meanin o his nightmares.

That night Daniel an his companions get doon oan their bended knees an plead wi their Maker for the sparin o their lives.

God wis listenin an telt Daniel, in a vision, aboot Nebuchadnezzar's dream.

In the mornin, Daniel wis led inty the palace tae face the wrath o the king.

Leanin forward fae his throne, Nebuchadnezzar waggles his finger at Daniel, sayin, 'Ye're so smart – can *you* tell me aboot ma dream, an whit it aw means?'

'Weel, yer majesty,' Daniel begins, 'there's nae fortune-teller or magic-man in the hale land wise enough tae dae that for ye. But in heaven, there's a God who makes aw things clear, an he has revealed the future. Here is the message that came inty yer heid, sir, as ye lay oan yer bed:

'Ye dreamt ye saw a towerin statue o a

man. Its heid wis dazzlin gowd. The chest an arms were silver, wi a brass belly an shanks o iron. The feet were a mix o iron an clay ....

'Noo then, yer majesty, as ye were lookin at the statue, a muckle stane broke oot o the mountain above – but naebody had touched the cliff.

'The stane banged inty the feet o the statue, smashin them aw tae smithereens. Then the statue began tae faw apart – the gowd, the silver, the brass pieces were crushed inty dust, an a howlin wind blew them away wi'oot trace.

'Still an aw, sir, ah must tell ye that the rock that couped the statue grew bigger an bigger till it filled the *hale* earth. An that's when ye sterted up oot o yer sleep, yer majesty.'

Daniel is cruisin alang in fine fettle noo an he sterts tae tell the *meanin* o this odd dream.

'Sir, here's whit ye wanted tae ken – the huge statue stauns for aw the empires o the warld. *You* are the heid o gowd, yer majesty. An yer kingdom is great – there's nae doot aboot that. Ither kingdoms will mebbe spring up fae time tae time, but they'll no go oan for ever.

'Hooever, there will come a day when
God will pit his ain king here oan the
earth. His kingdom – jist like the muckle
stane – will become greater than onythin
afore, an it will last until the end o time.'

❖ ❖ ❖

The GIANT STATUE

Nebuchadnezzar wis gobsmacked that
Daniel cud tell him baith aboot his dream
and the meanin o it. In fact, he wis so
impressed that he fell doon upon his face
in thanks.

He showered Daniel wi presents. Mair
than that – he made him heid man o the
hale region o Babylon an boss o aw the
wise men.

Daniel wis happy at the wey things
were turnin oot, but he had anither
thought ....

'By the way, yer majesty,' says he, 'ah
hope ye'll hiv nae objection tae me pittin
up three o ma worthy freens tae help me
in lookin efter yer lands?'

Nebuchadnezzar wis pleased tae gie
him the nod – he wis so taken wi the
tellin o his dream.

'Aye, aye – as ye wish!' he agreed, puffin oot his chest wi pride. 'Ye ken, I didny think I wis so important – but dreams, weel, they canny lie. I ken I'm a modest kinna ruler, but nane-the-less, I'll need to dae somethin tae impress the people.'

Still blawin his ain trumpet, he gied orders tae hiv an enormous image o hissel – *ninety feet high* – made oot o pure gowd, so that aw the folk cud bow doon afore his likeness.

'An if they're no for me,' he grinned, 'there's aye the furnace for them!'

Then he invites aw the high heid yins o the land tae the unveilin o the statue.

The great day comes an the toon is mobbed wi VIPs fae aw the airts an pairts.

The trumpeters an pipers staun at the ready, an a herald marches oot in front o the magnificent gowden king.

'Hear this! Hear this! Wan an aw! When ye hear the band strikin up, ye are commanded by oor great leader tae show yer love for him by bowin doon low in front o this braw new statue!'

At that, the band sterts up. Everywan – weel, everywan except Daniel's three freens – faws flat doon oan the grun facin the idol.

But the three brave lads fae Jerusalem speak oot for theirsels.

'We'll no bow doon tae that statue for onywan! An we're no feart o the furnace – oor God will protect us!'

❖   ❖   ❖

FOUR MEN *in the* FIRE

Nebuchadnezzar wis bilin wi rage at this. 'Stoke that furnace as hot as it goes! Cast these wasters inty the flames!'

Shadrach, Meshach an Abednego are tied up an the sodgers bundle them inty the furnace. It's so hot doon there that, as the sodgers step back, the flames leap oot an scorch them deid oan the spot.

But the king peys nae heed tae the fuss as he stares wi glee at the fire. 'So they widny bow doon tae me, wid they no?!' he smirks. 'They deserve their paiks.'

But suddenly his face pales wi fear. For the three men were walkin free in the fire. An, alang wi them, wis a fourth figure – for aw the warld it appeared like an angel o God, smilin at them. The flames were makin nae marks oan the men fae Jerusalem.

The king wis aghast!

'Shadrach! Meshach! Abednego! Servants o the maist high God!' he yelled. 'I order ye tae come oot o that furnace!'

The three Jews stepped oot ... their coats in wan piece ... nae smell o smoke hingin aroon them ... no even a hair oan their heids singed!

Nebuchadnezzar wis mortified – an wi guid cause.

'Hear this,' he shouts tae aw the folk gawpin roon aboot. 'Blessed be the God o these three men. For sure, no ither god cud make sic a miracle happen. Let nane o ye speak wan word agin them, or else I'll hing the culprits an ding doon their hooses inty dung-hills!'

The king then gies oor three heroes mair important jobs in the palace – an ups their pey-pokes as weel!

The MYSTERIOUS HAUN

Efter some years, Nebuchadnezzar passes oan, an young Belshazzar is made the new king o Babylon.

Wan night he throws a great binge in

the palace for a thoosan o his lords, for aw his wives – an his concubines as weel.

Weel, ye can imagine – the bevvy is flowin freely an the party in fu swing when Belshazzar shouts oot, 'Bring me the gowden cups taken fae the temple o the Jews. We'll drink a toast tae oor ain gods the night.'

By the time the cups arrive, the guests are *miraclus!*

'Here's tae the guid gods o stane, iron an brass!' goes the toast.

The hale mob screeches wi laughter.

But suddenly, every single wan o the revellers goes quiet, their eyes riveted tae the waw ower the king's caunlesticks. A human haun appears oot o thin air an sterts tae write oan the waw.

Belshazzar's trimmlin wi fear – his knees knockin thegither.

'Bring oot the astrologers!' he yells. 'The first wan tae get to the bottom o this writin will be richly rewarded.'

But nane o the wise men ken the meanin o the words.

Then the queen mither minds hoo Daniel read the dream o Nebuchadnezzar.

'Send for Daniel, the Jew,' she whispers tae the young king. 'He's yer man!'

So Daniel wis brought in an telt tae sit doon.

'They tell me you can solve every kinna mystery,' Belshazzar cried. 'Weel – cast yer een oan the writin above thae caunlesticks. Tell me its meanin an I'll gie ye a purple jaiket an a gowd chain in return … aye – an mebbe I'll make ye prime meenister, as weel. Whit dae ye say tae that, then?'

'I'll gie ye a meanin,' says Daniel, 'but ye can keep yer prizes – they're no for me. As for the writin, weel I hiv tae warn yer majesty, ye're no gauny like whit I've got tae say.

'Sir, look close at the words oan the waw. *Mene, Mene, Tekel, Parsin* mean *number, weight* an *division*. *Number* means jist that – "Yer number's up!" *Weight* means that God has fun ye oot tae be a bit lightweight, accordin tae his rules. *Division* means that yer land will be split an gien tae the Medes an Persians. Ye see, yer majesty – ye let doon the wan true God when ye drank fae the sacred cups taken from his temple.'

In spite o Daniel's dismal forecast, Belshazzar wis as guid as his word. Soon Prime Meenister Daniel wis collectin his purple jaiket, as weel as his gowden chain!

Hooever – that very night, Belshazzar wis slain, an Darius the Mede sat upon the throne.

The PLOT *against* DANIEL

King Darius created three presidents tae rule his kingdom an Daniel wis gien wan o these plum jobs. He wis loyal an honest tae the king, but at the same time steyed true tae his ain God. He never forgot tae pray three times a day.

Hooever, the ither leaders were jealous o Daniel an wanted him cast aside, so they asked the king tae make a new law.

'Jist sign here oan the dotted line, yer majesty, if ye please,' says the ringleader. 'An here's how the decree reads, sir – *For thirty days naebody shall make requests tae ony God, or man, ither than King Darius. Ony wan brekin this law will be thrown tae the lions.*'

The king signs the order – an Daniel's enemies are rubbin their hauns in glee that the trap's set.

Daniel kent aboot the decree, but it didny trouble him – he cairried oan prayin tae his Maker three times a day. Nae decree wid stop him.

Meanwhile, the leaders clyped tae the king aboot Daniel brekin the law, an demanded he be sorted oot for it.

By that time, Darius kent full weel he'd been tricked. He wis gey fond o Daniel, but he had nae choice. Sadly he gied oot the order – Daniel wis tae be cast inty the lions' den.

It near broke the king's hert.

'I ken ye've been true tae yer ain God, Daniel,' he cried. 'Mebbe he'll see fit tae protect ye.'

Daniel wis lowered doon inty the pit an a big stane wis set ower the tap.

The king wis sair vexed. He had nae stomach for supper that evenin an gied his players an musicians the night aff.

In bed, he tossed an tummled. In the mornin, he ran like mad tae the lions' pit, his servants followin in his wake. As the big stane wis lifted, Darius shouted doon inty the smelly darkness.

'*Daniel! Hallo! Are ye still there?* Did yer God protect ye fae the lions?'

'Let the king live for ever!' a voice fae

the darkness hollered up. It wis Daniel –
safe an soun. 'God sent his angel tae shut
the mooths o the beasts. He kens I'm no
guilty – I've done nae wrang in your eyes,
yer majesty.'

Weel, tae be sure, Darius is ower the
moon wi joy. Right there an then, he
makes a new law – 'Let everywan bow
doon afore the God o Daniel. For certain,
he is the wan an only true God.'

The king then gies orders for Daniel's
accusers tae be thrown tae the lions. An
this time, the kings o the jungle were
hungry for their meal.

JONAH

WAN day God spoke tae the prophet Jonah, 'Son, I'm sendin ye aff tae Nineveh. I'm no happy wi the folk o that city. Their evil deeds reek tae high heaven. I want you, Jonah, tae pit the hems oan them. Aye, ye're jist the wee man tae sort them oot – the hale jing-bang! Away wi ye. I gie ye ma blessin.'

Jonah, a wee bit shaken, says tae the Lord, 'Oh, aye … eh, right then, Faither. Aye … I'll jist get sterted the noo.'

But tae hissel, he says, 'Haud oan a meenit. *Where* did God say ah wis tae go? Tae *Nineveh*? Tae that cruel tribe o wasters? Ah must hiv been aff ma heid tae agree tae that! There's no wey ah'm gaun there. Ah'm too feart, so ah am!'

So Jonah gets hissel tae the nearest port an jumps aboard a ship bound for sunny Spain – hunners o miles away fae Nineveh, in the ither direction!

Weel, it wisny lang afore a furious storm whipped up an the ship wis fair churnin oan the ragin watter.

The crew were oot o their minds wi fear an sterted prayin tae their gods.

Meantime, Jonah wis snorin away, nae bother, doon in the dunny o the boat.

The skipper gied him a nifty kick. 'You! Yer nap's ower! Get up oan deck an spout some o yer prayers tae yer God.'

Meanwhile, the sailors were pullin straws tae find oot who wis tae blame for the storm. Who got the short straw? Oor Jonah!

The crew glowered at him, 'Aw-haw! So whit's yer ploy, feckless loun? Tell us yer name an whaur ye come fae.'

'Look, ah'm real sorry lads, honest … I suppose ah've got a wee confession tae make – the storm's aw *ma* faut. Ye see, ah worship the Lord God o Heaven, the wan who made the land an the seas. An me? Weel, ah'm a kinna prophet, by the wey. Ah wis telt by God, ma Faither, tae go oan a journey. But ah wis too feart. So, ye see – ah'm runnin away!'

'Man, is that no terrible?' cry the sailors. 'Ah wunner whit we should dae wi ye?'

Jonah burst oot greetin. 'There's jist wan thing ye can do ... get rid o me ... chuck me ower the side. If ye dae that, the sea'll calm doon ... ah *swear* it!'

So the sailors grab the prophet, gie him a couple o swings, an, ower his wilkies, doon inty the deep he goes. His heid bobs up an doon for a bit, then vanishes.

The sea goes deid calm.

Poor Jonah! His chest's fu o watter, his heid's explodin. His hale life flashes afore him ... an then ... *snap, sploosh ... whoosh* ... oor Jonah isny in the sea ony mair ... he's no droonin ... he's still *alive*, wallowin inside the belly o a freendly muckle whale.

'*Hallelujah!*' screams Jonah, 'but, aw jings! *whit* a pong!'

Then Jonah minded hissel an got doon oan his knees inside the big fish.

'Aw Lord, ma God, ah gie ye thanks for savin ma life. Ah don't deserve it – ye ken fine ah'm a sinner. But, Faither, even if ah hiv tae die, ah gie ye ma praise.'

The Lord looked doon upon his man. 'I'll gie the prophet anither chance,' he says. 'Right then, big fish – cough up!'

There an then, Jonah wis spewed up

onty the beach. He cudny believe his luck.

God then gied his orders for the second time. 'Listen, Jonah … mind whit I said – I want ye to report tae Nineveh.'

Weel, takin nae mair chances, Jonah went straight tae Nineveh an preached tae the folk.

Aw the fowk listened tae the prophet – the king an aw – an, Hallelujah! they decided tae chynge fae their evil weys.

God wis gey pleased wi the ootcome an forgied them. He didny really want tae destroy Nineveh onywey.

But the story disny end there. Wid ye believe it? Jonah sterts tae sulk like a spoilt wean.

'Och, this is jist whit ah thought ye wid dae!' says Jonah tae God. 'Ah jist kent for sure that ye'd let thae cruel folk aff the hook. Jings, ah'm no pleased at aw. In fact, ah wish I wis deid …. '

Jonah trudged oot o the city an sat hissel doon on the grun tae see whit wid happen. It wis a gey hot day and he felt fair wabbit.

God then caused a leafy plant tae spring up an shade Jonah fae the sun. The prophet cooled doon a bit. Then a wee worm nibbled away at the plant an it fell to the grun.

At dawn God sent forth a blisterin easterly wind. Poor Jonah, swelterin fae the heat o it, wished he were deid – an he said so.

But God wis havin nane o it. 'Whit right have ye tae be annoyed aboot the plant?'

Jonah lost his grip awthegither at this an sterted cursin the shilpit leaves o the plant. He wis cuttin a pathetic figure an nae mistake!

God looked doon at his servant.

'Jonah,' he says. 'Even though ye didny tend tae it, ye're feelin sorry for a plant that wis here the day an gone the morn,

'So, think oan – whit aboot the hunner an twinty thoosan folk in Nineveh who canny tell their right haun fae their left? Should I no take pity oan *them* mair than a plant – aye, an aw their animals …. '

10

JOB

THERE wis a gey rich man livin in the land o Uz. His name wis Job. Tae say that he wis rich is pittin it mildly, for he wis the maist well-heeled man in the *hale* land – a kinna entrepreneur o his time. This man owned seeven thoosan sheep, three thoosan camels, five hunner yoke o oxen, an five hunner female donkeys. He had mony servants in his pey-roll.

Noo Job wis a guid man an enjoyed peace o mind. He loved his Maker an steered clear o evil deeds. He had a big faimily – seeven sons an three lassies in aw – an he prayed every day tae the Lord, askin that they wid lead a pure life.

Wan day, when the heavenly angels were reportin tae the Lord, who turns up alang wi them but Satan hissel!

'Where hiv *ye* sprung fae?' says the Lord.

'Who ... *me*?' says Satan. 'Weel, ah've

been checkin up oan some o the folk
doonstairs. Jist to-in an fro-in, ye ken.
Aye … jist floatin up an doon a bit.'

'By any chance,' says the Lord, 'did ye
cast yer evil ee oan my servant Job? For
there's a guid man … the finest in aw the
earth. I ken he'll hiv nae truck wi you!'

'Aye … so be it,' says Satan, 'but
that's jist cos you look efter him an aw
his gear. See hoo stinkin rich he is? Nae
wunner he stauns by ye.

'But, ah'll tell ye this – if things
sterted tae go wrang for Job, it wid be a
different kettle o fish. Aye, jist you stretch
oot yer haun, take away aw that he owns
– an he'll curse ye tae yer face!'

Says God tae Satan, 'Weel, dae whit ye
like wi aw that Job owns, but as for Job
hissel, dinny hurt the man!'

Satan went aff to dae his worst. An,
very soon, there wis a hale lot o bad news
for Job.

A servant came rinnin in, fair oot o
pech, tae tell him that reivers had made
aff wi his oxen an donkeys.

Anither wan ran tae tell him the sorry
news that lightnin had killed his sheep,
alang wi aw the shepherds.

Then a third servant ran in tae say

that aw his camels had been stolen.

But worst of aw – a servant screamed tae him, 'Maister Job! Oh, maister! A mighty storm has blown doon the hoose where yer faimily were feastin. Aw yer sons an daughters hiv been killed …. '

Poor Job wis desolate wi grief. He tore his claes, shaved his heid, an fell doon oan the grun afore God.

But still Job didny blame God for his calamities. 'Everythin ah ever had wis gien tae me by God,' he said. 'He's taken it aw away, but ah'll still gie him praise.'

Wance again there came a day when the angels were reportin tae God. Satan sidled up amang them. The Lord picked him oot, 'Weel then, evil wan, whit dae ye hiv tae say *noo* aboot my servant Job? I told ye, he can withstaun ony test.'

'Aye, that's whit *you* say,' Satan sneers. 'A man'll gie up onythin tae save his ain skin. But jist you herm his body wi sickness an see whit'll happen.'

'I'll gie Job inty your power, then,' says God. 'But mind the rule – ye're *no* tae kill the man.'

Satan smirked tae hissel. 'Ah ken how tae deal wi Job noo.'

So he strikes doon Job's body wi ugly

plooks an biles fae heid tae fit. Whit a state the man wis in!

'It's aw the faut o your God,' bemoaned Job's wife.

But still Job disny complain. 'Ye ken when God gies us guid things, we're gled o it,' he says. 'So, when he gies us trouble, we jist hiv tae thole it.'

It wis then that three o Job's pals came alang tae veesit him. They tried tae gie him comfort an sat doon wi him for days oan end.

'Ye must hiv been a gey sinfu man, surely,' they say tae Job, 'for God tae strike ye doon wi this terrible blight. D'ye no think ye should be gettin right doon oan yer knees, Job, an askin God tae forgie ye for aw yer sins?'

'Haud yer wheesht!' says Job. 'Ah thought ye might gie me some help, but ye're a fat lot o comfort.'

Job kent in his hert that he loved God, but nane-the-less he judged hissel no guilty of ony kinna sin. But by noo he wis a gey miserable cratur an his temper wis wearin thin. He even screamed oot tae the Lord in his anger, yellin, 'Aw God, ye're *cruel* tae me! Ah'm callin oot tae ye, an ye're no even answerin!'

An onlooker, Elihu, wis jist champin
at the bit tae gie Job some o his advice.

'Hear me, Job,' he says. 'Ah'm a bit
younger than yer three freens, but, like
them, ah want tae say ma piece. Ah hear
ye've been bawlin oot yer bile tae the
Lord aboot the matter o sinnin. Ye've
even had the gall tae lose the heid wi yer
Maker in yer anger. Man, ye've a high
opeenion o yersel!

'Weel, understaun this, Job! God
hears ye fine, make nae mistake aboot
that, but the Almighty will answer ye in
his ain guid time – an no in yours!'

Fae the darkness o the whirlwind
God made his answer plain:
'Wha is this that darkens counsel
Speakin things he disna ken?

'Come, quit ye like a man, O Job,
And listen now to me;
And answer if ye ken, O Job,
What I will speir at thee.

'Whar were ye when I made the earth
And laid its cornerstane?
Wha measured oot its bounds, O Job?
Come, tell me if ye ken;

'Have the gates o death been shown to
        you,
The vera gates o hell?
Have ye seen earth's vast expanses,
And measured them yoursel?

'Can ye trace the splendid paths o
        licht?
And whar daes darkness hide?
Can ye tak them to their places?
Div you ken whar they bide?

'Have ye seen the treasures o the snaw,
Or the storehoose o the hail?
My weapons for the time o war;
I fling them on the gale.

'Wha maks the storms and thunder
That brings the livin rain
To soak a parched and desert land,
And gars it bloom again?

'When the lion cubs are hungry
And the ravens cry for maet,
Wha feeds them in the desert
And brings them prey to aet?

'Gave you the war-horse strength, O
        Job,

And thunder in his mane?
He paws the grun and snorts the air,
His een like coals o flame.

'He charges to the battle
And lauchs at death and fear;
The quiver rattles at his side,
The shield and glitterin spear.

'He lifts his noble heid and smells
The battle fae afar.
He lauchs to hear the trumpet-blast,
The shouts and noise o war.

'The eagle seeks the mountain crag
And builds her nest on high;
She mounts and soars into the sun:
Can you direct her wye?'

Then Job made God his answer:
'Naething, Lord, is hid fae thee.
I hae spoken withoot knowledge,
Things too wonderful for me.

'Fae far awa I heard ye, Lord,
But now my een hae seen
Your glory, I despise mysel,
and repent o what I've deen.'

God hissel then spoke tae Job's three freens. 'Ye didny gie an honest picture o me tae ma servant Job, but nane-the-less Job will forgie ye. That's his wey.'

The three freens were weel an truly pit in their place an they made their peace wi Job. Wi joy renewed in his hert, Job offered a prayer for them.

Noo, jist listen tae this! The guid Lord decided tae bless Job wi his favour wance again. He gied him back his riches … his joy … an his peace o mind.

An tae cap it aw, he even gied him seeven mair sons an three bonny lassies – the fairest in aw the land.

Efter aw this, Job lived for anither wan hunner an forty years, an died a weel contented auld man … aye, a guid sowl.

BIBLE
REFERENCES

GLOSSARY
of TERMS

aet = to eat

aff = off

afore = before, previously

agin = against

ah = I

ain = own

airts = directions

an = and

anither = another

auld = old

aw = all

awa = away

awfy = awful; very

aye = yes, always

bairn = child

bawl = to cry

bevvy = drink

bide = to stay

bile = a boil; spleen

bilin = very angry

blether = to talk non-
sense; a person who
talks too much

bluid = blood

bonny = pretty

booze = drink

boss it = to lord it

braw = handsome

brek = to break

bung-fu = completely full

canny = can't; clever,
astute

cauld = cold

caw = to call

champin at the bit =
eager to go

chock-fu = very full

chuckies = small pebbles

chuffed = pleased

chynge = to change

claes = clothes

clamjamfry = a rabble

clarty = dirty

clype = to gossip; a tell-
tale

corbie = crow

coup = to overturn

couthie = friendly, kind

cratur = creature

cry = to call, name

cud; cudny = could;
couldn't

dae; daes = to do; does

dauner = to saunter

deen = done

deid = dead
didny = didn't
ding = to smash
dinna, dinny = don't
dis; disny, disna = does;
    doesn't
div = do
dod = a lump
doo = a dove
dook = to bathe, duck
doot = to doubt
douce = gentle, pleasant
dover ower = to doze off
dug = a dog
dumfoonert =
    flabbergasted
dunny = the bottom of
dunt = a bump

een = eyes
efter = after

fae = from
faut = fault
feart = frightened
fecht; fechter; fechtin =
    to fight, a fight; a
    fighter; fighting
fee'd-man = employee
feenish = to finish
fell = much, greatly
fettle = condition, vigour
fit = what
flee = to fly
foretelt = foretold
freen = friend
fu = full; drunk
fund = found

gaird = to guard; a guard
gallus = cheeky
gang = to go
gaun; gauny = going;
    going to
gear = possessions
gey = rather, very
gie; gied; gien; giein =
    to give; gave; given;
    giving
girn = to grumble
gob = a mouth
gobsmacked = astounded
gowd = gold
greet = to weep
grun = ground
guid = good
guid lick = great speed
gumption = common
    sense
gyte = mad

hairst = harvest
hale = whole
haud = to hold
haun = hand
heid = head
heid yin = a person of
    importance
hert = heart
hing = to hang
hissel = himself
hiv; hivny = to have;
    haven't
hoo = how
hoose = house
hunner = hundred
hussy = a woman of bad
    character

inty = into
ither = other

jaiket = jacket
jalouse = to guess
jile = jail
jing-bang = a
 considerable number
jist = just

ken = to know
kin = can
kinna = kind of

laddie = a youth
laldie = a thrashing
leery = lustful
loun = fellow, chap

ma; masel = my; myself
maet = meat
mak = to make
mebbe = maybe
meenit = a minute
mind = to remember
missus = wife
mooth; moothfu =
 mouth; mouthful
muckle = great, large

nae = no
naebody = nobody
naethin; nuthin =
 nothing
nae-user = waster
narked = to be annoyed
narra = narrow
neebour = neighbour
no = not

noo = now
nyaff = a puny or
 insignificant person

o = of
oan = on
ower = over
ower his wilkies =
 tumble head over heels

paiks = punishment
pairt = part
pech = puff
pey; pey-poke = to pay;
 wages envelope
pit = put
pit the hems oan = to
 restrain
plook = pimple

ranter = a person who
 talks rubbish
reddy = ready
reive = to rob, plunder
rid = red
roon = round
roup = an auction

saft = soft
sair = sore
seeven = seven
shilpit = sickly
shindig = a rowdy
 gathering
sic = such
slog = to work with great
 effort
sodger = a soldier
sonsy = thriving

sook = to suck

soun = sound

sowl = soul

sparra = sparrow

speir = to ask

spile = to spoil

staun = to stand

steek = to shut

stook = a bundle of sheaves

stramash = an uproar

stravaig = to wander, roam about

tae = to

tally-man = debt-collector

telt = told

thae = those

thegither = together

theirsel = theirself

thole = to bear, endure

thon = that

thoosan = thousand

thrang = a large number

tummle = to tumble

unco = strange, weird

understaun = understand

veesit = to visit

vera = very

wabbit = exhausted

wame = belly

wan; wance = one; once

wastit = wasted

watter = water

waw = wall

wean = baby

wee = small

weedow = widow

weel = well

whaal = whale

whaur = where

wheech = to move fast through the air

wheen = a small number

wheesht = quiet

whit = what

wi = with

wid; widny = would; wouldn't

wirny = weren't

wis; wisny = was; wasn't

wumman; weemen = woman; women

wunner = to wonder

ye; ye'll; yer; ye're = you; you'll; your; you're

yin = one